AF099451

© 2020, Michael Ballé

Dessins de Michael Ballé

Réalisation et maquette : altariva

ISBN : 9782322223114

MIGUEL BALLÉ

280 caractères
Poèmes de confinement

Préface de Pierre Lescure

Autres parutions de Miguel Ballé :

L'Éveil (1996)
Vox Dei (1999)
Sea Of Light (2002)
The Angelmaker (2003)
Songs of Love and Smoke (2012)
Paper over water (2016)

Pour Florence

Regarde et je regarde aussi
Hugo Pratt

Préface

Miguel Ballé a fait comme irruption sur Twitter au tout début du confinement. Plein de comptes proposent de la poésie, des citations, des références. J'en connais (très) peu qui sont faits, chaque jour et chaque nuit, des poèmes de leur propriétaire.

Les premiers jours (alerté par le suivi d'amie d'amis), j'ai été épaté. Et puis vraiment séduit, quand j'ai perçu que les mots, les quelques lignes postés à cet instant là avaient été écrits quelques minutes plus tôt.

Et puis le flot régulier, vivant, vif, beau, cruel, ironique, désespéré et puissant, charnel et à vif m'a fait m'abonner vraiment, avec d'autres, visiblement. Comme quoi, Twitter, avec Miguel Ballé, pouvait donner des ailes, en proposant à lire et inciter à écrire ou même à en rêver.

Et il y a la rigueur, le jeu de la rigueur, mais le respect de la rigueur. Les 280 caractères. Ce n'est pas rien. C'est s'obliger à l'impossible en français. Ne retenir qu'un mot, à jouer de notre langue avec les armes de l'anglo-saxon. Un mot. Un mot qui en dit 20, qui dit trois phrases et un paquet de circonstancielles. Ce qui oblige aussi le lecteur… Miguel l'a dit : « *J'écris au couteau - tu lis à la serpe (…) Lames blanches qui percent et tranchent la surface des apparences.* »

De Miguel je sais peu. Français de naissance, ayant grandi au Mexique dans une école anglaise, il a écrit et publié plus souvent en anglais qu'en français. Il a aidé à monter *Moonstone*, une boutique de bijoux exotiques à Londres. Il a aussi parcouru le monde, liberté oblige, pour aller au bout des routes, comme dilettante, ou vivre en mer, comme skipper. C'est lui qui a écrit : « *Sac à terre le skipper est un paumé de plus, naufragé sur la plage.* »

Comme il lui fallait survivre, il n'a emporté et gardé que l'essentiel : 280 caractères.

Pierre Lescure
Paris, le 28 avril 2020.

Table des matières

Préface	...7	#Excalibur	...52
#sourire	...11	#liberté	...54
#Brazil	...12	#Posse	...55
#insomnie	...13	#win	...56
#mojito	...14	#280caractères	...57
#Jugement	...15	#IndiaSong	...58
#Nuit	...16	#couchée	...60
#confiné	...18	#Ava	...61
#surprise	...19	#arbres	...62
#rage	...20	#belle	...63
#perdu	...21	#tigre	...64
#Lockdown	...22	#confiné	...66
#rose	...24	#invisible	...67
#Rêves	...25	#UneNuit	...68
#Varanasi	...26	#sensei	...69
#enchanteresse	...27	#revenants	...70
#NotreDameDeLaSolitude	...28	#voyages	...71
		#shaman	...72
#femme	...30	#grillon	...74
#frontière	...31	#lilas	...75
#chaînes	...32	#magicienne	...76
#rupture	...33	#Déesse	...77
#Bannockburn	...34	#Hluhluwe	...78
#Aurore	...36	#contrôler	...80
#illumination	...37	#Onsen	...81
#ChefDeBureau	...38	#desperado	...82
#plaisir	...39	#AndréZwobada	...83
#Siddhârta	...41	#nous	...84
#manque	...42	#virus	...86
#futaie	...43	#vide	...88
#koan	...45	#cyclone	...89
#peine	...46	#jalousie	...90
#Hrafnabjargafoss	...48	#méditation	...91
#SilverDagger	...49	#veillée	...92
#tropiques	...50	#amour	...94
#demain	...51	#Tu	...95

#brumes	...96	#jouir	...147
#cartomancie	...97	#ElDorado	...148
#cure	...99	#tatouage	...149
#air	...100	#rêve	...150
#vent	...101	#Byzantium	...151
#mystères	...102	#Vispassana	...152
#adieu	...103	#vide	...154
#KunLun	...104	#colporteur	...155
#voir	...106	#attends	...156
#résilience	...107	#Rouge	...157
#feu	...109	#passager	...159
#partie	...110	#ensemble	...160
#Merida	...111	#aube	...161
#Toi	...112	#jaguar	...162
#ombres	...114	#chronomètre	...164
#démission	...115	#Babylone	...165
#distances	...116	#nue	...167
#combats	...117	#réveil	...168
#OuiJeLeVeux	...118	#frontières	...169
#Été	...120	#bougie	...170
#mousson	...121	#alchimie	...172
#StevenOuMartin	...122	#orage	...173
#Babel	...123	#TrueColors	...174
#promesses	...124	#SauveMoi	...175
#VivaLaRevolution	...126	#Léopard	...176
#Renaissance	...127	#autoportrait	...179
#Bethléem	...128	#EnVille	...180
#larmes	...130	#pénitence	...181
#rencontre	...131		
#joie	...132		
#centurion	...133		
#aurore	...134		
#mall	...135		
#apocalypse	...136		
#hmmm	...138		
#syntaxe	...139		
#NoLimit	...140		
#Garujà	...141		
#minéraux	...142		
#6heures	...144		
#illumination	...145		

#sourire

Tu me donnes le sourire
Bien que la fin du monde approche

Tu me donnes le sourire
Alors que tout le monde me le reproche

Tu me fais rire
Si les nouvelles sont désespérées

Si l'économie s'est effondrée
Si les baleines se sont échouées

Tu me fais sourire
Dès que je sais que je vais te revoir

#Brazil

Les bottes dans l'escalier
C'est la police sanitaire
Je te lance un dernier baiser
Et je m'enfuis par derrière

Contaminé d'amour, je fais le mur
Je n'irai pas crever en camp
Ce sont les battements de ton cœur
Que j'entends dans mon sang

Sans toi, je ne suis plus rien
Fiévreux et fébrile, je ne vivais que
Parce que tu le voulais bien

#insomnie

Je ne dors pas
Je te sens
Rêver de moi

Le moi d'avant
Comme j'étais
Il y a longtemps

Sans le savoir
Tu gémis
Sans le vouloir

À côté de toi
Je te sens
Je n'en dors pas

#mojito

Es-tu prête ?
À retourner danser

C'est déjà la fête
À ton bar préféré

Ne fais pas cette tête
Ton Mojito est parfait

Je sais, tu n'as pas
Le cœur à ça

Viens donc m'embrasser
Une dernière fois

#Jugement

Au procès
Des amants,
Le serpent
Les défend

Le propriétaire
Veut les chasser
Du jardin
À jamais

Eve prend Adam
Par la main
Et l'entraîne
Au loin

En jurant
Que personne
N'a le droit
De la juger

L'archange délibère
En silence
Mais refuse
De prononcer
Sa sentence

#Nuit

Personne ne sait
Où la nuit est partie
Je l'ai suivie
Dans le jardin

J'étais sorti la chercher
Mais elle a disparu
Elle s'est évanouie
Au petit matin

Personne ne sait
Où tu es allée
J'avais tant envie
De toi, tu sais

Tu es partie avec la nuit
On venait à peine
De se rencontrer

#confiné

J'ai toujours été confiné
Par mon désir de toi

J'ai toujours été prisonnier
Du manque de tes bras

Comme un minot
Qui refuse de naître

Je n'ai d'autre univers
Que le noir de ta couette

Le jour arrive trop tôt
Tu me forces à sortir

Mais je préfère rester là
Quitte à en mourir

#surprise

J'irai chercher les étoiles
De la plus profonde nuit

Et les diamants vivant
Au fond des océans

Pour te faire un collier
De petits baisers volés

Et te faire rire de surprise
Comme une enfant heureuse

#rage

De rage, je maudis
Les mots d'amour
Et leur cochonnerie

Je maudis
Les poètes, les troubadours
Et leurs supercheries

Ces amants menteurs
Je les maudis
Encore et encore

Leurs rêves de bonheur
Dans leurs petites vies
De malheur

Je maudis la terre entière
Tant ma douleur
Est cruelle

#perdu

J'ai ouvert toutes les portes
J'ai brisé toutes les fenêtres
Mais la maison reste déserte

Les herbes du jardin
Sont devenues une forêt
On ne voit plus le chemin

Qui conduit à l'entrée
Plus personne ne vient
Seul l'air de la nuit

Se souvient de mon nom
Depuis que tu es partie

#Lockdown

Au coin de la rue
Le petit brocanteur
A fermé

Tu y trouvais
Ta poussière d'étoiles
Tes poudres de rubis

L'avenue est déserte
Même les chapardeurs
Ont disparu

Que sont devenus
Les romanichels ?
Les musiciens de quartier ?

Le coin de la rue
N'est plus qu'une croisée
De pierres nues

#rose

La rose sait-elle
Que ses épines blessent

La nuit sait-elle
Qu'elle deviendra jour

Le temps s'enroule
Autour de nous, avec paresse

Là : une hirondelle
L'été renaît de l'hiver

La rose tremble
D'être cueillie par amour

Épargne-la !
Elle rêve être une princesse

#Rêves

J'ai rêvé si souvent de toi
Je m'endors en comptant les fois

Rêves de pluie, rêves de nuit
Rêves de douches et rêves de lits

Rêves de bouches et rêves de seins
Rêves de rires et de jeux de mains

Le sommeil ne cesse de fuir
Le soleil est sur le point de luire

La chambre est déserte, l'île est nue

#Varanasi

La rivière est vaste à cet endroit
Devant les ruines de la cité des rois
On y voit les âmes affleurer
Emportées par les flots ensoleillés

Le fleuve a lavé les salissures
De la ville, ici l'eau est claire et pure
Laisse tes pensées suivre le courant
Pour disparaître dans l'océan

Quand la mousson va revenir
Les eaux montantes vont envahir
Les champs de la méditation
Et ne laisser que la contemplation

#enchanteresse

Il paraît que tu sais faire
Des miracles

Appeler la pluie, faire partir
Les sauterelles

Saurais-tu soigner mon cœur
Qui se meurt

Depuis qu'il s'est fait mettre
À nu

Personne, personne ne m'avait
Prévenu

Que tu serais toujours
Si belle

#NotreDameDeLaSolitude

Les montagnes sont vertes
Lavées par la tempête
La route est déserte

Le temps d'une prière
Ô vierge de la solitude
Mon front contre ta pierre

Entaillé aux poignets
Meurtri aux pieds
Le prix de la sainteté

À la fin de la patience
Ne se trouve que silence
Libre de conscience

#femme

Prête-moi ta peau pour aller au pays
Des belles femmes et des jolies filles

Sortir au café avec les amies
S'offrir des dessous en dentelle

Mon Dieu ! Quelle douleur
D'être mère ou d'être sœur

Pitié ! Reprends ton corps
Je ne veux pas de cette blessure

Qui ne se referme pas
Et qui saigne tous les mois

#frontière

Au grand croisement
Gardien de l'envoûtement
Un chêne inquiétant
Mi en feuilles, mi en feu

Garde la lisière
Du royaume des fées
De l'autre côté,
Les étoiles luisent

Dans le miroir
Des eaux noires
Du loch interdit

Le chevreuil bondit
Franchit la frontière
Sans s'en apercevoir

#chaînes

Regarde les chaînes
Que tu portes pour moi
Ce ne sont pas les miennes

Elles sont à toi

Tu les mets chaque matin
Tu les traînes, les étreints

Tu me les montres comme
Des signes du destin
J'essaye de te dire

Que je ne demande rien
Mais ce sont les tiennes
Et tu y tiens

#rupture

Le merle de nuit siffle
Pendant que tu pleures
Ce soir, il pleut sur
La marque de la gifle

La gifle a ton cœur
La douleur de la rupture
Le coup de griffe
Qui suit l'amour

Il chante dans le noir
Dans le calme de la nuit
On n'entend que lui
Tu renifles, te dis qu'il a

Ses propres soucis

#Bannockburn

Les corbeaux mangent les yeux
Des héros tombés au combat
Les enfants coupent les doigts
Pour voler les bagues des morts

Alors, Ô grand stratège?

Tu promettais une guerre gagnée
Avant les premières neiges
Que de tombes creusées
Dans la terre glacée

Que comptes-tu faire désormais?

#Aurore

L'aube dorée
Vient chercher
Les nouveau-nés

Pour les bénir
D'un baiser
Rosé

Enchanteresse,
Elle les caresse
D'une main gantée

De déesse,
De Vénus,
De promesses

Bienvenue,
Bienvenue
Leur dit-elle

Je me nomme Aurore
Et les jours de douleur
Tu m'appelleras espoir

#illumination

Yeux fermés, j'entends
La rivière de lumière
Me posséder lentement
En cherchant la mer

Noyée dans l'immensité
De cette présence lumineuse
Aveuglée par la clarté
D'une flamme mystérieuse

La rivière chante, la mer se tait

#ChefDeBureau

Je ne fais rien
Si on ne m'y force pas

Personne ne pourra
Me reprocher

L'énorme bourde
Que j'ai inventée

Ils m'ont obligé :
Je te préviens !

Tout va bien
Je refuse de faire face

Donne-moi d'abord
Du reporting

Pour organiser
Un autre meeting

N'imagine même pas
Me court-circuiter !

#plaisir

Ô ma reine de la souffrance
Pose donc ton diadème d'épines
Et abandonne toute prudence

Ma princesse des silences
Enduis-toi d'eau bénite
Et réclame ton dû de jouissance

Il est tard : cours vite à ta terrasse
Tu pourras y embrasser la lune
Elle m'a promis de le faire, à ma place

#Siddhârta

J'ai appris à parler
Comme eux
Marcher
Comme eux
Manger
Comme eux

J'ai appris à faire
Des affaires
Acheter
Au plus bas
Vendre
Au plus haut

Mais j'entends encore
L'esprit du vent
Dans les hautes herbes
Et le chant
Du ciel
Dans mon sommeil

#manque

Bras ouverts grands
J'essaye de mesurer
L'étendue du ciel
Je le fais pour elle

Pour lui dire, lui montrer
Combien je l'aime
Mais le vent, le vent
Me vole chaque parole

Elle me regarde mais
Le vent, le vent
Décoiffe ses cheveux
Se glisse dans ses vêtements

Et s'en va avec elle

#futaie

J'ai marché dans les bois
Où nous faisions l'amour
Je nous y ai vus là
Nous y serons toujours
Les bûcherons sont passés
Et ont décimé les arbres
Parmi les corps désossés
Je t'ai entendu crier
Comme tu le faisais
À faire rougir les violettes
Me supplier encore
De te faire mourir de plaisir

#koan

Le moine du temple zen
Tond la pelouse à la pince
À épiler

Une herbe verte, une dizaine
Silencieux, il reste assis
Toute la matinée

Cachés derrière la fontaine
Ça nous fait bien
Rigoler

Quand nous comprenons
Que la vie s'égrène
Brin par brin

Le dragon de pierre attend la lune

#peine

Ce matin, as-tu vu ?
Le vent a balayé

Les fleurs du cerisier
Le temps d'une vie

De papillon
Le verger devenu blanc

Les pétales sont envolés
Le printemps déjà fini

Tu mets tes shorts d'été
Je sors sans souliers

Ma chérie, qu'il m'est dur
D'accepter

Qu'aucun plaisir
Ne vient sans sa peine

#Hrafnabjargafoss

T'ai-je dit que j'ai vécu
Parmi les elfes des rochers
Dans leurs cités cachées
Sous les cascades glacées

Jadis, ils nous ont appris
Les sagas, la poésie
Nous ne leur avons rendu
Que méfiance et mépris

Tu veux les voir ? Regarde :
Les fractures de lumière
Leurs sourires de pierre

#SilverDagger

Fi ! De ton
Homme parfait

De sa femme
De ses enfants

Le feu
Le vent

Feront de
Meilleurs amants

À ton cou,
Une chaîne d'argent

À chaque maillon
Un soupirant

Tous, tous,
Si décevants

Donne à penser
Que tu es prête

À chercher
La femme parfaite

#tropiques

Le sable est encore chaud
Du soleil de l'après-midi
Tu fais ton show
Tu déshabilles la nuit

L'eau est noire de noir
La musique vient du bar
Je savoure la mer
Sur ta peau mouillée

Tu me veux, tu me prends
Dans l'écume blanche
Je ne vois plus tes yeux
Que ton corps qui danse

#demain

Ne pense pas à demain
Demain ne viendra jamais
Devenu une longue journée
Avec que des vendredis saints

Ne pense pas à hier
Hier est là pour toujours
Tu es ce que tu seras
Jour après jour

Ne pense qu'à maintenant
Il fait beau quand je t'aime
Quand tu es triste, il pleut
C'est le temps qui le veut

#Excalibur

Le lac asséché
Par la chaleur de l'été
A révélé l'épée
Tant convoitée

Dans la main d'un roi
Son fil argenté
Avait le pouvoir
De trancher

Le faux du vrai
Le beau du laid
Le bon du mauvais
Mais qui s'en soucie

Aujourd'hui
Tordue et rouillée
Elle a été bradée
Pour 30 deniers

#liberté

Si tu me demandes de me taire
Je ne dirai plus rien

Je me contenterai de te regarder
De près, de loin

Lire les mots sur tes lèvres
Imaginer mes réponses

Le silence me libèrera
Pour enfin te faire comprendre

Ce que je ressens quand je rêve de toi
Libre de la prison du verbe

#Posse

Le feu s'est éteint
Le campement est froid
J'ai du sang sur les mains
Il faut remettre du bois

On entend les chiens
Ils sont encore loin
Ils ne m'auront pas
Pas vivant, en tous cas

Les portes se sont ouvertes
Dans la splendeur de l'aube
L'espace d'un instant
J'existe pleinement

#win

Tu as repris le train
De la capitale
J'essaie de voir la ville
La voie n'a pas de fin

Je sais que tu as besoin
Du jeu : le goût du kill
Gagner une dernière main
Un shot d'adrénaline

Ici, il ne se passera rien
Le temps est arrêté
Je serai là si tu reviens
Là où j'ai toujours été

#280caractères

J'écris au couteau
Tu lis à la serpe

Les mots écharpent
Accrochent les yeux

Échardent la peau
Verbes en crève-cœur

Phrases assassines
Lames blanches

Qui percent
Et tranchent

La surface
Des apparences

Pour atteindre
Les peines profondes

Et faire couler
Le jus

De l'être

#IndiaSong

Dans son château au bord de l'eau
L'ambassadrice attend
La jonque qui l'emmènera
Loin de ce pays au temps si lent

Elle laisse à leur sort
Ses serviteurs et ses amants
Ses robes de gala et ses brillants
Et tout ce qu'elle ressent

Le Mékong s'écoule sereinement
Elle sait attendre patiemment
Mais elle sait déjà
Que personne ne viendra

#couchée

Le jour pointe à la fenêtre
Tu remets ton armure
Ta culotte, ton T-shirt
Tu as un train à prendre

Tu repars combattre
Le sexisme et la connerie
Et ton complexe d'imposture
Je reste au lit

Je t'aime déshabillée
Quand tu ne sais plus où tu es
Qu'il n'y a plus que nous
Je reste couchée

#Ava

La comtesse
Marche pieds nus
Elle se blesse
Sur un caillou

Son sang bleu
Sur les rochers
Est lavé
Par la marée

Elle crie
Saisie
Quand le sel
Pénètre la plaie

Je lèche
Sa blessure
Comme un chien
À ses pieds

#arbres

Quand les montagnes
Seront devenues des plaines

Les campagnes,
Emportées par l'onde marine

Tu me demanderas pourquoi
Nous sommes restés là

Je te montrerai la lueur lointaine
D'Alpha Centauri

Je te parlerai de nos colonies
Et de la sève dans nos veines

Qui nous vient du sang
De la terre

#belle

Je ne dors pas
Je te sens
Rêver de moi

Le moi d'avant
Comme j'étais
Il y a longtemps

Sans le savoir
Tu gémis
Sans le vouloir

À côté de toi
Je te sens
Je n'en dors pas

#tigre

Je me suis fait sur le bras
Ton tatouage au couteau

Je voulais le même que toi
J'ai tracé un tigre

Mais taillé un dragon
En serrant les dents

Ne pas crier ma douleur
Ne pas avouer ma peine

J'ai compris en voyant
Le sang sur la lame

Que jamais le soleil
Ne rejoindra la lune

#confiné

D'heure en heure
Jour par jour

La fenêtre ouverte
Le ciel s'étire

La pièce rétrécit
Les murs se resserrent

Sur les plages désertes
De mon imaginaire

Entre le sable et la mer
J'écris

#invisible

Le vent souffle fort
On a beau regarder
On ne parvient à le voir

Le champ est plein de pierres
On a beau s'attarder
On ne les verra pas pousser

Le puzzle est brisé
Les pièces, éparpillées
Les noms que nous donnons

N'ont d'autre solidité
Que notre obsession
De tout enfermer

#UneNuit

Rappelle-moi, redis-moi
Notre nuit

Comme une nuée
De baisers

La brume du petit jour
S'évapore

Au réveil, un songe
S'estompe

Une nuit parfaite,
Ensemble

Je ne me souviens plus
Je ne me rappelle plus

Temps et oubli m'arrachent
Ma vie rêvée avec toi

Rappelle-toi,
Notre nuit

#sensei

Viens,
Nous n'irons ni vite, ni lentement
Ni fort, ni doucement

Avec le *yang* dans la main droite
Et le *yin* dans la main gauche
Nous nous placerons hors du temps

Nous vaincrons le confinement
Libère ta respiration
Laisse tes os guider le mouvement

Viens
Cesse de lutter
Tu as déjà gagné

#revenants

Les fantômes du lundi
Arrivent un à un
Les âmes meurtries
Les morts surpris
D'hier ou d'aujourd'hui

Ils errent sans savoir
Ils cherchent sans trouver
Où est le passé ? Le futur ?
Aller de l'avant
Rester en arrière ?

Ils nous effleurent en passant
Se demandant
Lequel des deux est vraiment vivant

#voyages

J'ai vu, à Rome
Les chaînes de Saint Pierre

J'ai caressé sur la lagune
Les lions grecs en pierre

Prié dans la chapelle de l'ange
Sur le toit du Saint Sépulcre

Bu aux sources d'Asgard
Et contemplé le Gange sacré

Plus question de partir
Autrement qu'en souvenir

Sans rien dire

#shaman

En file indienne
Il attend
Sa ration

Patiemment
Il se souvient
Des chasses

Des glaces
Des mers gelées
Des trous de phoques

Des baleines à bosse
Qui nourrissaient
Généreusement

Le village inuit
Qui fait la queue
Avec lui

#grillon

L'enfant rit
En poursuivant
Un grillon
Entre les thyms
Et les roches blanches

Les korrigans
Le regardent courir
Chuchotant
Dans leur langue
Étrange

Surpris, l'enfant
Les fixe, bouche bée
Quand il sera
Plus grand
Il ne se souviendra pas

#lilas

Il sent bon le lilas frais,
Du côté de chez ma mère
Les genêts dorés
Revêtent la lande de fleurs

Les yeux fermés, j'imagine
Retourner auprès
Des gens que j'aime
Quand je serais libéré

Les yeux ouverts je contemple
Les murs de mon appartement
En attendant la fin
De mon confinement

#magicienne

Je te vois faire
Quand tu cherches
Le vrai nom des choses

Gitane,
Tu caresses,
L'amulette de ta marraine

Tu écoutes
Le silence
Entre les phrases

Tu avales
Tu dégustes
Êtres et essences

Puis tu nommes
Tu domptes
Tu domines

Jusqu'à ce que
Tu deviennes
Ce que tu absorbes

#Déesse

Respires-tu
Toujours
Avec ton corps
Depuis que nous
Sommes
Séparés ?

Regardes-tu
Encore
Avec ton cœur
Alors
Qu'ils nous ont
Éloignés ?

Enfermés
Dans des pièces
Isolées,
Rappelle la déesse
Bleue
Étire tous tes bras

Ouvre tes doigts
Cette lueur
Ne se laisse pas
Emprisonner

#Hluhluwe

J'ai rêvé de Hluhluwe
D'Umfolozi, d'Eshowe
Te voir sur la véranda
Sous le ciel dénudé

Dévêtue, au soleil du matin
Tu projetais ton esprit
Avec les aigles pêcheurs
Survoler les hauteurs

Nous n'étions pas les premiers
À s'être autant aimés
Mais, oh, othandekayo

#contrôler

Nous avons repoussé la mort
Dans ses derniers retranchements
Sans voir que nous ne saurions
Plus nous sentir vivants

Nous avons remplacé la prière
Par le shopping et le divertissement
Sans voir que nous y perdrions
Le pouvoir de la contemplation

Réapprendre à respirer le matin

#Onsen

Le rossignol japonais
Chante sous les pins
On l'entend siffler
Du balcon de l'onsen

Tu es repartie travailler
Les cheveux tout mouillés
Je n'arrive pas à bouger
La nuit va arriver

Il y avait en bas une rivière
Il ne reste que des rochers
À quoi bon s'aimer
Pour finir par se quitter

#desperado

Planqué derrière un arbre
J'épie la patrouille qui passe
Épuisé de monter la garde
Je me sens m'affaisser
J'ai assez de cartouches
Pour faire feu une dernière fois
Avec la rage des opprimés
Je vais crever dans ces collines

Mais jamais ils ne me remettront
En prison ou confinement

#AndréZwobada

Tu prends ton petit-déjeuner sur l'herbe
Le temps passe lentement ici à la campagne

Il y a longtemps, quand tu étais célèbre
Tu préférais te lever au champagne

Dîner en ville et nocer jusqu'à l'aurore
Dans ton jardin, tu n'as plus peur de ton âge

#nous

Je suis le vent d'hiver
Mon cœur glacé
Est froid et distant

Tu es la brise de mer
D'été, chaude et douce
Du soleil sur la falaise

Amoureuse du bizarre,
Ton cœur d'artichaut
Me rend vert de jalousie

Oh, mon amour barbare
On s'aime au coutelas
On se soigne, on se blesse

#virus

De son laboratoire secret
Le gouvernement
A laissé échapper
Un nouveau virus

Qui ne va s'attaquer
Qu'aux dissidents
Il s'attrape par formulaire
Et se diffuse par habitus

Si vous vous servez
Au quotidien
D'un dictionnaire
Ou pire, d'un thesaurus

Vous serez confinés
À tout jamais

#vide

Dans les allées
De l'avenir
Le ciel brisé
A englouti
Les murs fendus

Les nuits blanches
Je rêve, lucide
D'artères de silence
De rues de solitude
De pas perdus

Dans ces villes
Du futur
Promeneur esseulé
Je marche entre
Les os et les ombres

Même le Nord
A disparu

#cyclone

L'orage
Roule
Sur la plaine

Les chiens sauvages
Hurlent
Leur plainte lointaine

Les nuages
Avalent
Les herbes jaunies

La foudre
A frappé
Le même arbre mort

Mon amour,
Je suis née
Un soir de tonnerre

Aujourd'hui, je
M'appelle
Cyclone

#jalousie

La nuit s'étire lentement
Tu dors paisiblement
Elle te caresse tendrement
Après m'avoir repoussé

Je suis jaloux de comment
Elle t'embrasse tes seins
Elle enveloppe tes fesses
Je ressasse mes soucis

Je me retourne sur l'oreiller
Elle ment, je le sais :
Je vois bien que le jour est levé

#méditation

Ne regarde pas la fleur
Regarde la racine

N'écoute pas ton cœur
Écoute ton âme

Ne touche pas ma peau
Touche la tienne

#veillée

Sous les bougainvilliers
La procession avance solennellement
Une dernière danse, un adieu

Dans ses plus beaux vêtements
Le vieux pêcheur a quitté dignement
Le sable chaud, le ciel bleu

Sa barque or et rouge, dans la baie
Ne le pleure pas, elle l'attend
Revenu en espadon – ou en dauphin

#amour

Viens lécher les mots
Sur mes lèvres

Il y a tant de choses
Que j'aimerais te dire

Mais je ne suis pas sûre
Que tu comprennes

Viens m'arracher les mots
De la bouche

Prends de ta langue
Ce que la mienne

Ne peut offrir

#Tu

Tu enlèves tes souliers
Tu marches sur l'herbe
Tu enlèves ta robe
Tu te mets à danser

Tu ne sens plus le parquet
Tu ne vois plus les volets
Tu défais tes cheveux
Tu n'es plus confinée

Tu es partie loin
Tu entends la mer
Tu ne veux plus rentrer
Tu n'en peux plus des murs

#brumes

J'ai ouvert les volets
Pour laisser entrer le jour

Mais la brume s'est engouffrée
Elle attendait dans la cour

S'est installée dans la chambre
Maintenant, plus rien n'est clair

Il fait humide, il fait frais
Je suis perdu dans le brouillard

#cartomancie

Le gitan qui nous avait prédit
Qu'on vivrait
Heureux pour toujours
S'est pendu ce soir

Dans sa lettre d'adieux
Il avait écrit
Tout ce que j'ai vu
Se réalisera

Je ne suis pas superstitieuse
Me dis-tu croisant les doigts
Ça porte malheur
Tu ne crois pas ?

#cure

J'ai bu à ta coupe
Pour attraper le virus

Je n'en pouvais plus
D'éviter coûte que coûte

De t'embrasser

Donne-moi ta douleur
Donne-moi ta peur

Je saurai les transmuter
En une cure de baisers

#air

Ma demeure aérienne
N'est faite que de fenêtres
S'y réveiller est renaître
Prendre un café-crème

Loin au-dessus des nuages
Dans le bleu de l'espace
La douche est une fête
De temps qui s'égrène

La promesse de la prière
Est de guérir, me disent-ils
Mais c'est la passion du vide
Qui sait me soigner

#vent

Je bavardais avec le vent
De la pluie et du beau temps

Nous regardions, du haut du toit
Les joggers masqués du matin

Il me parlait de blés et de pins
Je lui partageais mon chagrin

Les orages finissent par passer
Souffla-t-il en soupirant

Si seulement les humains savaient
Sourire sous l'averse

#mystères

Un nuage de mystères
S'ébat dans l'air
Au dessus du boulevard

Provoquant petits miracles
Et coïncidences improbables
Ou rencontres invraisemblables

Un manouche ramasse un anneau d'or
Qu'il revend à mon père
Pour mon anniversaire

#adieu

Quand vous me mettrez en terre
Que je serai enfin arrivé à bon port

Vous pourrez vous dire : voilà
Où il a toujours voulu aller

Vous me semblerez déjà si loin
Les quelques-uns à être encore là

Je vous dirai : regardez le ciel
Regardez l'herbe entre les pierres

Le voyage est la destination

#KunLun

Il y a une porte secrète
Qui mène à l'escalier
Du centre de la terre

On la trouve à minuit
Un soir de nouvelle lune
D'humeur incertaine

Il faut, pour l'ouvrir
Les yeux du cœur
Et une cloche tibétaine

Passé le lac noir
Et la caverne de cristal
Se trouve l'entrée

De Shangri-La

#voir

Dans le bois des elfes
On entend l'écho
Des forêts d'antan
Qui s'étendaient
Des montagnes aux océans

Les cris des oiseaux
Le chant des ruisseaux
Le bruissement du vent
Dans les branches
Des chênes géants

Le silence est vivant
Il apaise l'égo
Et ouvre la conscience
À la présence des fées

#résilience

J'essaie de ne pas pleurer
Ne rien montrer
C'est comme c'est
La vie continue

Mais la plaie est profonde
Elle s'est bien infectée
Dans la prison du
Confinement

J'essaie de ne pas avoir peur
Garder mon calme
Mais la lame est dans le cœur
Les larmes, les larmes

Sont toujours là

#feu

Le feu de camp parle fort
Je lui demande de se taire,
D'écouter les étoiles chanter
Leur langue de lumière

Le campement s'endort
Il se remet à crépiter
Il veut nous prévenir
Du retour des lions-esprits

Tu te blottis près de lui,
À la lueur de Sa flamme
On sursaute à chaque
Bruit de la nuit

#partie

Tu es partie sans rien dire
Sans un mot ni au revoir
Il y a tant de manières
De mourir

Je reste assis dans le noir
Du matin au soir
À me demander
Pourquoi ?

Je sais qu'un jour
Il faudra sortir :
Oui, pourquoi
Pas

Ce que la chenille appelle
La fin du monde
Nous appelons
Un papillon

#Merida

À la cantina du zócalo
Le vieux Cienfuegos
Veut me convaincre
De faire renaître

Les anciens dieux
Sans sacrifice de sang
La vie est vide de passion
Dit-il : un vœu pieux

Le torito est allumé
Les mariachis sont enfiévrés
La fête bat son plein
Un enfant

Pleure sa mère

#Toi

La chambre est petite
Il n'y a qu'un lit
Tu te rhabilles
Tu n'as jamais dit
Que tu resterais

La pièce est vide
Je n'y ai rien mis
Tu te maquilles
Tu n'as jamais dit
Que tu reviendrais

Je ne t'ai jamais dit
Que je ne vis ici
Avec vue sur Paris
Que pour que tu puisses
M'y retrouver

#ombres

La brume est levée
Il est temps de repartir

La forêt est rincée
D'éclats de pluie

Ils nous entourent
Ils nous suivent

Là, un souvenir
Ici, un remords

Le soleil du matin
Evapore les regrets

#démission

Messieurs, voici ma démission
Vous pourrez poursuivre votre
Transformation

Vous êtes tous des grands patrons
Mais je n'ai guère besoin de votre
Compassion

Allons, faites preuve d'organisation
Rien ne saurait interrompre votre
Rationalisation

#distances

Rien d'autre ne compte que
Le goût de ton baiser

Rien ne me soucie d'autre que
De savoir si tu vas venir

Je ne compte que les heures
Avant de te voir

On me dit que nous sommes en guerre
La guerre peut aller se promener

Il n'y a pas d'autre mesure
Que la distance qui nous sépare

#combats

Chaque feuille cherche la lumière
Entre pin parasol et chêne centenaire
La guerre des arbres
Fait rage

Chacun cherche son bout de plage
Toujours prêts à se battre
Pour poser
Sa serviette

Mais les soirs de tonnerre
Et les jours d'orage
Forêts comme villages
Se terrent

#OuiJeLeVeux

Épouse-moi ce soir
Oui je sais, tu es
Déjà mariée
Et alors ?

Épouse-moi encore
On vivra
Enfin réunis
Une vie rêvée

Pas besoin d'accord
D'être acceptés
Si on est chéris
Par Aphrodite

Nous ne serons pas
Les premiers
Ni les derniers
À s'échapper

Épouse-moi toujours
Épouse-moi jamais

#Été

Le voisin brûle les herbes sèches
De son champ

Les fleurs du cerisier sont jonchées
A ses racines

Les hirondelles reviennent nicher
Sous l'auvent

La fumée se dissipe avec un parfum
De cendres

Mais j'ignore où s'en est allé
Le printemps

#mousson

C'est la saison des pluies
Sur nos cœurs

La tristesse de la mousson
Le poison de la rancœur

Tout le monde sait que les émotions
Ne font que passer

Je ne vois aucune indication
Du retour du beau temps

Cette infestation avance si rapidement
Qu'elle semble sans fin

#StevenOuMartin

Pour coïncider avec sa propre essence
L'être authentique

Est conscient de son propre McGuffin
Et de la vanité de sa course-poursuite

Jeté dans le monde pour y mourir
De set-piece en set-piece

L'anti-héros de sa propre aventure
Combat son angoisse

En se dissimulant dans ses avatars
Sans en être prisonnier

#Babel

Perdu dans les méandres
De la tour inachevée
L'architecte se demande
S'il ne reverra jamais

La lumière du jour
Ou si, errant pour toujours
Dans le dédale de couloirs
Il sera condamné

À rester perdu
Prisonnier de Babel
Pour chaque porte qui se ferme
Une autre s'ouvre

Encore faut-il
Savoir la trouver

#promesses

Pense à toutes les promesses
Qu'on n'a jamais tenues

Ne jamais se quitter
Ne jamais se blesser

Je t'ai toujours appartenu
Ma princesse, ma déesse

J'aurais voulu mieux te mériter
J'aurais aimé moins te mentir

Si tu avais été plus fidèle ?
Si j'avais été moins parti ?

Toutes ces promesses fanées
Tous ces moments manqués

#VivaLaRevolution

Merci encore du paquet
Que tu m'as envoyé
Les gardes ont tout confisqué
Mais m'ont laissé le papier

Pour écrire ma confession
Ou mon dernier testament
Marx ou Mao, je ne me souviens
Plus de pourquoi on se battait

Je n'y ai jamais vraiment cru
Mais l'uniforme te plaisait tant

#Renaissance

La lune se lève tous les soirs
À la fin du mois, elle meurt
Puis renaît

Elle ne connaît que le noir
Et parfois, à la fin du jour
Le crépuscule

Mais elle ne luit si fort
Que parce que tu l'éclaires
De loin

Comme elle, tu te renouvelles
Tous les matins

#Bethléem

On m'a dit que tu savais
Changer l'eau en vin
Faire apparaître des pains

On m'a dit que tu avais
Été charpentier
Et aussi marinier

On m'a dit que tu étais
Né dans une étable
Sous une méga étoile

Après tout ce temps
Passé dans le désert
Tu ne m'en as rien dit ?

#larmes

Se faire un café
Débarrasser, tout ranger
Ne pas y penser
Ne pas penser à mon Cœur

Essayer de travailler
Retourner se coucher
Sans réfléchir, sans sentir
Mon cœur, mon cœur qui pleure

Se battre contre la flemme
Contre le noir et les larmes
Ne jamais ouvrir
Son cœur, son cœur

#rencontre

Emmène-moi là
Où tout a commencé

Nous nous étions rencontrés
Où la mer rencontre la terre

Où demain rencontre hier
Nous étions à peine nés

Nous avons souvent juré
Ne jamais y retourner

Mais j'en ai oublié
Qui j'étais, qui tu étais

Ramène-moi là
Où tout a commencé

#joie

Je me suis assise au
Bord d'un ruisseau
J'y suis restée

Je me croyais vidée
De sentiments
D'où vient
Cette tristesse ?

L'eau coule si claire
Je ne sais plus dire
Si je rêve

Je sais que je vais
Me réveiller enfermée
D'où vient
Cette gaieté ?

#centurion

Je marche
J'ai planté ma lance
Au flanc de ton sauveur

J'ai ri à sa grimace
De douleur

Fils d'un Dieu ?
Sors-toi de là, si tu peux
Toujours fatigué

Jamais reposé
Je marche

Des océans aux glaciers
Du hameau à la cité
Quelques sous en poche

Jamais repenti
Je marche

#aurore

La nuit paraît si longue
Parce qu'on a oublié l'aurore

Dors, ma chérie, dors
Ce matin, l'aube est blonde

Elle te caresse les cheveux
Elle t'embrasse les yeux

Je suis parti bien avant le jour
Je reste fidèle à la nuit

C'est dans son noir que je fuis
Où on ne peut que sentir et rien voir

#mall

Mon cœur semble vide
Et pourtant, si lourd
Il pleut encore
Je suis collé à la vitre

Es-tu en train de partir
Tu n'es toujours pas rentrée

Il y avait une chapelle
Ils ont construit un mall
Il y avait un jardin
Il n'y a plus rien

J'ai gardé tes sourires
Mais je ne les retrouve plus

#apocalypse

Nous marchions vers l'horizon
Quand nous avons aperçu au loin
Les cavaliers sur la plaine

Guerre, Famine et infection
Sur leurs destriers multicolores
Blanc, rouge et or

Cachés par l'éclat du couchant
Nous les avons vu rejoindre le cheval noir
De la Mort, qui les attendait depuis longtemps

#hmmm

Le gazon frais coupé
Sent bon après la tonte
Respirer l'air de l'été
Rien qu'une seconde

Ne rien faire d'autre
Que de paresser
Rien d'autre ne compte
Que le temps qui passe

Ils veulent qu'on rentre
Qu'on s'y remette
Mais en attendant
Le gazon vient d'être coupé

#syntaxe

Défenseurs de l'orthographe
Apologistes de la grammaire

Ne voyez-vous donc pas que
Nous ne sommes que des bouches

À véhiculer la langue-mère
Le lexique limite nos pensées

Les verbes décrètent nos actes
La véritable liberté ne peut se trouver

Que

Hors des mots

#NoLimit

J'ai tenté de haïr
Comme tu sais le faire
Mais j'ai échoué

J'ai voulu aimer
Comme tu sais le faire
Mais je n'ai pas pu

La guerre est perdue
La défaite est sévère
La retraite, une déroute

J'ai essayé, je t'assure
De vivre sans mesure
Je n'ai pas su, mon amour

#Garujà

La mer est sombre,
L'écume argentée
Déferle, scintillante
Sous les réverbères

La plage est déserte
Garujà chante et rit
Tu te baisses et saisis
Une étoile de mer

D'autres temps,
D'autres cieux
Comme les vieux
Je revois, je repense

Aux jours heureux

#minéraux

Je porte les pierres
Des champs
Dans mes os

L'eau de la rive
Vive et claire
Dans mes veines

Les contours
Du paysage sur
Mon visage

L'air du soir
Dissipe les nuages
De l'esprit

Le soleil couchant
Me remplit
D'or

#6heures

Un petit couteau
Deux cigarettes
Tout ce qui me reste

Je suis levé trop tôt
La ville dort encore
On entend les oiseaux

Nu, sur le balcon
Je veux vivre dehors
Il fait froid, c'est bon

Les placards sont vides
Les portes verrouillées
Pour nous protéger

La ville dort
Je fume l'aurore

#illumination

Partir en pèlerinage
Dans pays de glace
Et de lumière réfléchie

Pour comprendre, enfin
Que rien n'a de début
Ni de fin

Seule la solitude
D'un ciel inconcevable
De bleu et d'absolu

Permet d'entrevoir
Que la seule vérité
Est la perplexité

Devant l'infini

#jouir

Je sais que tu m'as
Vraiment aimé
Quand j'étais ligoté

J'avais arrêté
De respirer
De peur de te déplaire

Attaché, enfermé
Je n'avais rien à faire
Que t'adorer

Te servir
Comme tu le voulais
À ton bon plaisir

Maintenant que tu m'as
Libéré
Je ne sais plus

Jouir

#ElDorado

Les cris des singes
Et le chant des aras
Ont cessé avec l'averse

Toi, ma sœur
Connais-tu le chemin
D'El Dorado ?

Dans la moiteur de l'air
Passé le temple enterré
Le long du fleuve vert

Toi, mon frère
Connais-tu le chemin
D'El Dorado ?

Vous, mes pères
Dites-moi où trouver
El Dorado

#tatouage

J'ai tatoué
Sur mon bras
Ton nom secret

Pour ne pas
Oublier
Que c'est bon

De s'aimer
Que ça fait mal
De se séparer

Tel un poison
L'encre s'est
Mêlée au sang

Et a infecté
Tous mes
Sentiments

#rêve

Chez nous
On n'aura

Pas de murs
Que des fenêtres

Il n'y aura
De la place

Que pour
Nous deux

On ne recevra
Presque pas de gens

On n'aura
Pas besoin d'eux

On regardera
Le monde

Qui ne nous
Verra pas

À peine un
Bout de toit

On n'invitera
Que les étoiles

#Byzantium

La peste ravage la ville
Le vizir croit avoir volé
Ce que le calife lui a donné

Il ne sait voir
Que qui lui sert
Il ne comprend
Que ses gains

La muraille est en ruines
Les mercenaires réclament leur solde
Les pauvres creusent les tombes

Lui aussi infecté
Il mourra seul
Emmuré

#Vispassana

La pierre d'éveil
Est si petite
Qu'elle glisse
Entre les doigts
De ton poing fermé

Le lac des songes
Est si vaste
On ne se rend compte
Qu'on rêve tout
Éveillés

Le bodhisattva
Rate une marche
Et dégringole
L'escalier

Seules nos idées
Ont une solidité
La réalité
Est sans paroles

#vide

Si tu m'enlèves
La peau, la chair
Vides mes entrailles
Et tu dépouilles
Mes os

Il me restera
Mes souvenirs

Si tu m'arraches
Le cœur
Pour l'enfermer
Dans un coffre
À double tour

Il me restera
Mes espoirs

Sans yeux pour voir
Ni mains pour toucher
Je ne suis que lumière

#colporteur

De village en village
Et de ferme en ferme

Je vends des perles,
Clochettes et coquillages

Si tu veux, J'ai aussi
Des sortilèges, des grigris

Promets de ne rien dire
Il me reste un filtre d'amour

Je comptais m'en servir
Pour guérir mon cœur aigri

Si tu veux, je te fais un bon prix

#attends

Attends, attends
Tu verras le temps
Tout transformer
En cliché

Le bon en mieux
Le mal en pire
Couleurs sépia
Ou couleurs vives

Attends, attends
Tu verras
Les mensonges
Se tisser

Les vérités
S'estomper
Les amours
Se faner

Et les souvenirs
Les plus chers
S'épanouir tels
Les fleurs l'été

#Rouge

Enveloppé dans un drapeau ensanglanté
Comme linceul

Vivant, je n'aurais imaginé
Mourir seul

Mort, je n'imagine pas ce que mourir
Veut dire

Vous êtes encore là, tous, à tenir
La barricade

Je vous vois, prisonnier d'un songe
De vie

Je vous entends, de loin, chanter
Nos slogans

Il fait si froid : il ne me reste plus
Qu'un mensonge

#passager

Je sais,
Que tu m'as dit
Que rien ne te faisait
Autant vibrer
Qu'être dans les bras
D'un étranger

Je sais,
Tu m'as prévenu
Que tu n'avais
Jamais hésité
À embrasser
Un inconnu

Tu sais,
J'ai tout de suite vu
Que je ne ferais
Que passer
Tu ne savais pas
Que j'étais un exilé

#ensemble

Si nous partagions un corps
Nous n'aurions qu'un seul cœur

Mon souffle serait le tien
Tes yeux seraient les miens

Dans cette nuit sans fin
Les mains dans les mains

Mélanger nos méridiens
Notre ch'i tissés en une trame

Avec, déjà, qu'une seule âme,
Partageons le même corps

#aube

Le jour se lève lentement
En mer, au large
Tu savoures l'expérience
Je baille en prenant mon quart

Tu me fais un p'tit café
Avant de retourner te coucher
Je prends la barre
Il fait froid, je suis gelé

La structure de la réalité
N'est qu'eau et rêves
Rien n'a de solidité
Que tes yeux verts

#jaguar

Le jaguar prit les émeraudes
Pour ses yeux

L'aigle se fit des serres
De diamant

L'éléphant, des reflets de lune
Comme défenses

Ils ne laissèrent à l'homme
Que la parole

Il s'en servi pour asservir le feu
Et brûler les forêts

Domestiquer le grain
Et planter des champs de blé

Soumettre les métaux
Et s'en faire des armées

Les animaux comprirent enfin
Qu'ils ne pouvaient plus

Que le craindre

#chronomètre

Tu distribues le temps
Mesure par mesure
Avant de le ranger
Sur ton étagère

J'ouvre un sachet
De temps compté
Et tu en fais
Un instant parfait

Tu cueilles l'aiguille
Des heures, puis celle
Des minutes
Et me les fais manger

Il ne nous reste plus
Que les secondes

#Babylone

Je ne sors plus
Je ne réponds plus
Sous ma fenêtre
Le fleuve noir coule
Presque inerte

Babylone est tombée
La peste a gagné
Les rues sont désertées
Les jardins, desséchés
La bête se meurt
À mes pieds

Sur le balcon,
Les voisins n'ont
Pas bougé de la nuit
Ils ne font
Aucun bruit

#nue

Je marche nue
Au soleil
Dans la rue

J'ai disparu
Ce matin
Au réveil

Je marche nue
Je fais des grimaces
Aux enfants

Je ris
De la tête
Des passants

Seins pointus
Fesses à l'air
J'ai disparu

Je vivrai nue
Jusqu'à la fin
Du confinement

#réveil

L'aube est rouge
Tu me souris
Tu voulais dormir
Volets ouverts
Pour voir le jour
Se lever

Fais-moi l'amour
Fais-moi oublier
Les portes fermées
Les nuits noires
Les jours confinés

Redonne-moi envie
Souffle-moi l'espoir
De t'entendre rire
Te revoir danser
Sans chaussures
Ni pudeur

#frontières

Toi qui vivais
De train en train
Que vas-tu faire
Maintenant
Que les quais
Sont déserts

Toi qui vendais
Tes rêves de
Voyages lointains
De quoi vas-tu vivre
Maintenant
Que tout est figé

Reste avec moi
Reste, pour une fois
Les frontières sont
Fermées
Il n'y a nulle part
Où aller

#bougie

Je me suis habillé
Avec tes vêtements
Puis j'ai fait brûler
Tes bougies parfumées

À la lueur des flammes
J'attends que tu reviennes
Que tu te dises : qui est-elle ?
Mais qu'elle est belle !

Te rendre jalouse
De toi-même
Tu ne me vois plus
Depuis trop longtemps

#alchimie

Ton corps est d'or
Le mien, d'argent

Ensemble, le soir
Nous voyageons

Sans aucun effort
Nous partons si loin

Que nous ne savons
Revenir à terre

Vu de l'horizon
D'autant de plaisir

Tout nous paraît
Fade et gris

Ton corps prend feu
Et me consume

Tu es argent
Je deviens or

#orage

Si tu as encore
Peur des éclairs
Et du tonnerre

Souviens-toi
Que rien ne peut
Nous trouver sous les draps

La tempête n'en finit pas
En bas, dehors
C'est la guerre

Mais ici, en hauteur
L'air est pur
Il suffit d'attendre

Que l'orage passe

#TrueColors

Le rouge a un passé
Sulfureux

Le bleu
Ne se souvient plus

Jaune et vert
Le jardin a ses couleurs

Comme argent et or
Pavent les rues des enfers

J'aurais tant voulu
Naître arc-en-ciel

Ou noir
Comme la nuit

Confinés
Nous devenons

Tous gris

Miguel Ballé

#SauveMoi

Sers-toi de moi
Comme tu veux
Où tu peux

Rends-moi utile
Même de la manière
La plus futile

Sauve-moi de
Cette envie terrible
De disparaître

De tout arrêter
De m'en aller
Cette noirceur

L'ombre de
La lumière
Intérieure

Sers-toi de moi
Comme tu peux
Si tu veux

#Léopard

Un matin, le léopard
Qui vit dans l'arbre
Est passé par-dessus
La clôture

Il a traversé la cour
Parmi les cabris
Yeux plissés, yeux verts
Il n'a rien pris

Il est venu me prévenir
Que d'autres vont venir
Il a essayé de me dire
Je n'ai rien écouté

Aujourd'hui
Je n'ai plus de ferme
Je vis dans un arbre
Je suis le léopard

#autoportrait

Soulagé d'être au port
Pressé de repartir

Entre crainte du retour
Et plaisir de partir

Sac à terre
Le skipper

Est un paumé de plus
Naufragé sur la plage

Au large,
C'est une chimère

De vent, de pluie
De jour, de nuit

Enfant de la mer

#EnVille

Je suis retourné
En ville, ce matin

Après avoir passé
Trop de temps trop loin

Les gens étaient étranges
Ils évitaient mon regard

Pleins de méfiance
Ils s'écartent de mon chemin

N'as-tu pas entendu
Me crie un gamin

Que la peste est en ville
Repars dans tes collines

C'est la peste du lendemain

#pénitence

Tu m'as demandé
De faire pénitence

Je n'ai jamais
Pigé la repentance

Oui, j'ai menti
Oui, j'ai triché

Je suis parti
Avec la caisse

J'ai couché
Avec ta sœur

Tu m'as toujours dit :
Il est meilleur,

De demander pardon
Que permission

Un peu de bonheur pour
Une vie de sentences

Edition : Books on Demand,
12/14 rond-Point des Champs-Elysées, 75008 Paris
Impression : BoD - Books on Demand, Norderstedt, Allemagne
Dépôt légal : mai 2020